Les meilleures
RECETTES DE PÂTISSERIE pour les enfants

Abigail Wheatley

CHANTECLER

mathis.BAILLET

Sommaire

3 Pour commencer
4 Conseils pratiques

Mini et jolis

8 Muffins marbrés
10 Gâteaux à la banane
12 Gâteaux à la vanille
14 Gâteaux à l'orange
16 Sablés à la fraise
18 Biscuits de fête
20 Mini-cheesecakes
22 Décos aux fruits
24 Jolis papillons
26 Décos à la douille
28 Macarons

À partager

32 Brownies chocolat/cerises
34 Biscuit roulé
36 Cake citron/mangue
38 Garnitures au sucre
40 Gâteau au chocolat
42 Gâteau épicé au miel
44 Faire des décorations

Gros gâteaux

48 Génoise
50 Garnitures crémeuses
52 Gâteau à l'ananas
54 Gâteau moka
56 Décos en chocolat
58 Trio au chocolat
60 Allergique ?
62 Index

Pour commencer

La pâtisserie n'est pas difficile, à condition de respecter quelques règles de base. Avant de commencer, lis la recette pour t'assurer que tu as tout ce qu'il te faut. Puis lave-toi bien les mains, c'est important.

Température du four

Tous les fours sont différents. Il se peut qu'avec le tien, la durée de cuisson des aliments diffère de celle indiquée dans la recette. Si tu utilises un four à chaleur tournante, réduis le temps de cuisson ou baisse la température, en fonction du mode d'emploi du four.

Fais cuire les gâteaux sur la grille du milieu. N'ouvre la porte du four que lorsque le temps de cuisson est écoulé, ou si tu penses que quelque chose brûle.

Poids et mesures

Les recettes indiquent les poids en grammes (g) et les volumes en centilitres (cl). Ne confonds pas les deux. Mesure les petites quantités à l'aide de cuillères, ou de cuillères mesures si tu en as.

Allergies alimentaires

Si tu souffres d'allergie ou d'intolérance alimentaire, ou si tu cuisines pour une personne allergique, tu trouveras dans ce livre de nombreuses informations utiles.

Toutes les recettes qui contiennent des fruits à coque sont clairement identifiées. Souvent, les fruits à coque sont facultatifs, ce qui est aussi indiqué. En pages 60-61, tu trouveras également pour chacune des recettes des conseils détaillés. Tu sauras ainsi lesquelles peuvent être adaptées pour tenir compte des allergies, et la façon de les adapter.

Conseils pratiques

Le secret de la pâtisserie est de bien suivre la recette – sinon les gâteaux risquent de ne pas être tout à fait réussis. Voici quelques astuces pour t'aider à faire des gâteaux parfaits.

Suis la recette !

Mesure les ingrédients avec précision et utilise un moule de la taille et de la forme indiquées dans la recette.

C'est cuit ?

À la fin du temps de cuisson, sors le gâteau du four. Avec un doigt, presse légèrement le centre. Il doit être ferme et souple au toucher. Sinon, prolonge la cuisson de 10 minutes.

Laisse refroidir ton gâteau !

La plupart des gâteaux doivent être mis à refroidir sur une grille à pâtisserie. Attends que le gâteau soit froid avant d'ajouter le fourrage et la garniture.

Comment le conserver ?

Conserve ton gâteau dans une boîte hermétique. S'il contient des fruits frais, du fromage frais ou de la crème, mets la boîte au réfrigérateur.

Œufs crus : attention !

Manger des œufs crus peut être dangereux. Vérifie que tes gâteaux sont cuits, et ne goûte pas la pâte crue.

Casser un œuf

Casse l'œuf d'un coup sec sur le bord d'un bol. Ouvre la coquille en deux et laisse couler le blanc et le jaune dans le bol.

Battre les œufs

Mélange le blanc et le jaune à la fourchette.

Séparer le blanc du jaune

Casse un œuf sur une soucoupe. Recouvre le jaune d'un coquetier et maintiens bien ce dernier en inclinant la soucoupe. Laisse glisser le blanc dans un bol.

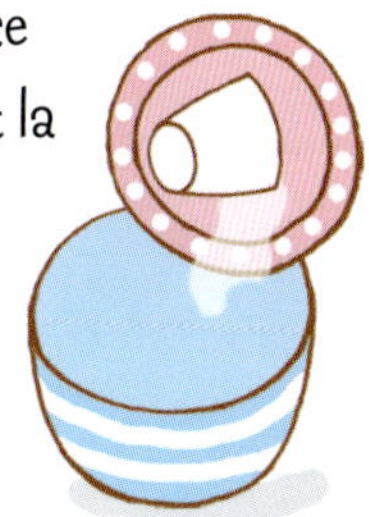

Blancs en neige

Monte les blancs avec un fouet métallique, jusqu'à ce qu'ils deviennent épais et mousseux. Lorsque tu retires le fouet, la masse blanche doit former un pic.

Incorporer les blancs d'œufs

Utilise une grande cuillère en métal. Mélange délicatement en formant des 8. Arrête dès que le mélange est homogène.

Beurre ou margarine

Lorsqu'une recette précise d'utiliser du beurre ramolli (ou de la margarine ramollie), laisse-le à température ambiante pendant une heure avant de commencer à faire la cuisine.

Ceci est un mélange de beurre et de sucre. Il est beaucoup plus facile d'incorporer le sucre si le beurre est mou.

Mini et jolis

Si c'est la première fois que tu fais de la pâtisserie, commence par des gâteaux individuels. Ils cuisent vite et sont faciles à manipuler. Voici quelques astuces.

Plaque à muffins et caissettes

La plupart des recettes de ce chapitre sont conçues pour une plaque à muffins à 12 alvéoles et des caissettes en papier. Si tu n'as pas de caissettes, beurre les alvéoles du moule à l'aide d'un morceau de papier essuie-tout.

Silicone

Les plaques en silicone s'utilisent sans caissettes et n'ont pas besoin d'être graissées. Les caissettes en silicone conservent leur forme à condition d'être posées sur une plaque rigide.

Travailler le beurre

Le beurre doit être mou. Commence par mélanger doucement le sucre avec le beurre, puis continue à battre le plus vite possible, jusqu'à obtention d'une masse pâle et mousseuse.

Si c'est trop difficile, verse de l'eau bien chaude dans un bol propre. Vide le bol et sèche-le, puis verses-y la préparation et réessaie.

Colorant alimentaire

Si tu utilises du colorant en bouteille, verse-le dans une petite cuillère. Ainsi, si tu en as trop mis, tu pourras jeter l'excédent avant d'ajouter la quantité voulue au mélange.

Autres garnitures

Outre les décos aux fruits et à la douille décrites dans ce chapitre, tu découvriras plus loin comment réaliser des garnitures à base de sucre ou de chocolat ainsi que des décorations maison.

Gâteaux sans allergène

Beaucoup de petits gâteaux de ce chapitre peuvent être réalisés sans ingrédient allergène. Tu en trouveras la liste page 60.

Muffins marbrés

Ingrédients (pour 12)

100 g de chocolat noir, au lait ou blanc (au choix, en tablette)

2 citrons

300 g de farine à levure incorporée

1 ½ c. à c. de levure chimique

125 g de sucre en poudre

un peu de lait

1 œuf moyen

10 cl d'huile de tournesol

25 g de cacao en poudre

En plus :

une plaque à muffins à 12 alvéoles et 12 caissettes en papier

Ces muffins sont confectionnés à partir de pâte à muffins au citron et de pâte à muffins au chocolat que l'on mélange pour créer des marbrures. Il y a aussi un morceau de chocolat à l'intérieur de chaque muffin.

1 Préchauffe le four à 200 °C ou thermostat 6-7. Mets une caissette en papier dans chaque alvéole de la plaque à muffins. Casse ou coupe le chocolat en 12 morceaux.

2 Râpe le zeste des citrons (page 22). Presse-les. Réserve le jus dans un verre gradué.

3 Tamise la farine et la levure au-dessus d'un saladier. Ajoute le sucre et le zeste des citrons, et mélange.

Lorsque tu ajoutes le lait, le mélange peut sembler grumeleux. Ne t'inquiète pas.

4 Ajoute du lait au jus des citrons pour obtenir 25 cl. Casse l'œuf dans une tasse. Bats-le, verse-le dans le verre gradué avec l'huile et mélange.

5 Verse le contenu du verre dans le saladier. Mélange vite à la fourchette, jusqu'à ce qu'il n'y ait plus de grumeaux.

6 Verse la moitié de la pâte dans un autre saladier. Ajoutes-y le cacao tamisé. Mélange rapidement à la fourchette.

Si tu manges ces muffins chauds, le chocolat sera mou et fondant.

7 Mets une cuillère à café de pâte au chocolat dans chaque caissette. Puis ajoute une cuillère à café de pâte au citron. Recommence jusqu'à ce que chaque caissette soit pleine au tiers.

Ce sont des carrés de chocolat noir, mais tu peux utiliser du chocolat au lait ou du chocolat blanc si tu préfères.

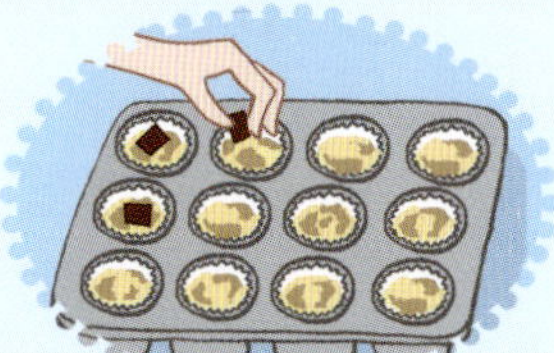

8 Place un morceau de chocolat dans chaque caissette. Répartis le reste des deux pâtes en alternant.

9 Fais cuire 20 minutes. Sors les caissettes de la plaque après 10 minutes, puis mets-les à refroidir sur une grille.

Autres parfums

Pour des muffins marbrés au chocolat et à l'orange ou au citron vert, utilise 2 oranges ou 3 citrons verts.

Fruits à coque facultatifs

Gâteaux à la banane

Ingrédients (pour 12)

125 g de beurre ramolli (ou de margarine)

150 g de cassonade brune

2 gros œufs

1 c. à c. d'essence de vanille

4 grosses bananes mûres

1 c. à c. de jus de citron

250 g de farine à levure incorporée

½ c. à c. de levure chimique

Pour le nappage :

50 g de sucre glace

200 g de fromage frais à tartiner (entier), à température ambiante

1 c. à s. de jus de citron

En plus :

une plaque à muffins à 12 alvéoles et 12 caissettes en papier

des morceaux de noix ou une banane supplémentaire, pour décorer

Ces petits gâteaux contiennent de la banane fraîche, ce qui leur donne une texture moelleuse. Plus les bananes seront mûres, plus tes gâteaux seront parfumés. Tu peux les confectionner sans produits laitiers – voir page 60 – et sans fruits à coque.

1 Préchauffe le four à 180 °C ou thermostat 6. Dispose les caissettes en papier dans les alvéoles de la plaque.

2 Travaille le beurre et la cassonade dans un saladier, jusqu'à obtenir une masse pâle et mousseuse.

3 Casse un œuf dans un petit bol. Fais de même avec l'autre œuf. Ajoute l'essence de vanille. Mélange à la fourchette.

4 Incorpore 1 cuillère d'œuf au contenu du saladier. Ajoute le reste, une cuillère à la fois, en mélangeant bien à chaque fois.

5 Écrase les bananes pelées dans un bol, à la fourchette ou au presse-purée. Incorpore le jus de citron. Verse le tout dans le grand bol et mélange bien.

6 Tamise la farine et la levure sur cette préparation. Mélange bien.

7 À l'aide d'une cuillère, répartis la pâte dans les caissettes. Fais cuire pendant 20 à 25 minutes.

8 Attends 5 minutes avant de sortir les caissettes de la plaque, puis mets-les à refroidir sur une grille.

9 Fais le nappage au fromage frais (page 51). Étale-le sur les gâteaux. Décore avec des tranches de banane ou des morceaux de noix.

Astuce

Avant de décorer tes gâteaux avec les tranches de banane, mets celles-ci dans un bol avec un peu de jus de citron. Cela leur évitera de noircir.

Gâteaux à la vanille

Ingrédients (pour 12)

- 175 g de farine à levure incorporée
- 175 g de margarine ramollie
- 175 g de sucre en poudre
- 1 c. à c. d'essence de vanille
- 3 œufs moyens

Pour la crème au beurre :

- 100 g de beurre ramolli (ou de margarine)
- 225 g de sucre glace
- 1 c. à s. de lait
- 1 ½ c. à c. d'essence de vanille
- quelques gouttes de colorant alimentaire

En plus :

- une plaque à muffins à 12 alvéoles et 12 caissettes en papier

Ces jolis petits gâteaux sont garnis de crème au beurre dans des teintes pastel. Tu peux étaler la crème au beurre à la spatule, ou dessiner des volutes avec une poche à douille.

1 Préchauffe le four à 180 °C ou thermostat 6. Dispose les caissettes en papier dans les alvéoles.

2 Tamise la farine dans un saladier. Ajoute la margarine, le sucre et l'essence de vanille.

3 Casse les œufs dans une tasse, puis verse-les dans le saladier. Mélange pour obtenir une pâte lisse.

4 À l'aide d'une cuillère, répartis la pâte dans les caissettes en papier.

5 Fais cuire pendant 20 à 25 minutes, jusqu'à ce que les gâteaux soient fermes et dorés.

6 Attends 5 minutes avant de sortir les caissettes. Mets-les à refroidir sur une grille. Entre temps, prépare la crème au beurre (page 51).

7 Lorsque les gâteaux sont complètement refroidis, décore-les de crème au beurre à la spatule ou à la douille (pages 26-27).

Mini-gâteaux

Suis la recette des papillons pages 24-25 : suis les étapes 1-2, répartis la pâte dans les alvéoles et fais cuire pendant 10 à 12 minutes. Puis suis les étapes 6-7 page 12.

Gâteaux à l'orange

Ingrédients (pour 12)

3 oranges

175 g de beurre ramolli (ou de margarine)

175 g de sucre en poudre

3 œufs moyens

1 ½ c. à c. de levure chimique sans gluten

165 g de semoule de maïs (polenta)

Pour le glaçage à l'orange :

175 g de sucre glace

En plus :

une plaque à muffins à 12 alvéoles et 12 caissettes en papier

Ces petits gâteaux moelleux et acidulés sont confectionnés à base de semoule de maïs (polenta). Ils ne contiennent ni blé ni gluten. Tu peux aussi les réaliser sans produits laitiers (page 60).

1 Préchauffe le four à 190 °C ou thermostat 6. Dispose une caissette en papier dans chaque alvéole de la plaque à muffins.

2 Râpe le zeste des oranges (page 22). Mets-le dans un saladier.

3 Presse les oranges. Mets 1 ½ cuillère à soupe de jus dans un bol et le reste dans une carafe.

4 Ajoute le beurre ou la margarine et le sucre dans le saladier. Travaille les ingrédients pour obtenir une masse pâle et mousseuse.

5 Casse un œuf dans un petit bol. Bats-le à la fourchette. Verse-le dans le saladier et mélange bien. Fais de même avec les autres œufs.

6 Ajoute la levure et la semoule, puis 1 cuillère à soupe de jus d'orange de la carafe. Mélange doucement.

7 Répartis la pâte dans les caissettes. Fais cuire les gâteaux pendant environ 20 minutes.

8 Verse le jus d'orange de la carafe sur les gâteaux chauds. Laisse-les refroidir dans le moule.

9 Utilise le jus réservé dans le bol pour faire le glaçage à l'orange (page 38).

10 Prends un peu de glaçage. Incline la cuillère au-dessus d'un gâteau. Laisse couler le glaçage en filet.

Gâteaux au citron ou au citron vert

Remplace les oranges par 3 citrons jaunes ou 6 citrons verts.

Gâteaux à l'orange et au chocolat

À l'étape 5, n'utilise que 125 g de semoule de maïs et ajoute 40 g de cacao tamisé. À la place du glaçage, fais fondre 100 g de chocolat que tu laisseras couler en filet (page 56).

Sablés à la fraise

Ingrédients (pour 10)

Pour les sablés :

225 g de farine à levure incorporée

1 c. à c. de levure chimique

50 g de beurre

25 g de sucre en poudre

1 œuf moyen

5 c. à s. de lait

½ c. à c. d'essence de vanille

un peu de lait, pour badigeonner la pâte

Pour le fourrage :

225 g de fraises

15 cl de crème fraîche épaisse ou de crème fleurette

En plus :

un emporte-pièce rond d'environ 6 cm de diamètre

D'autres suggestions de fourrage sont proposées ci-contre. Ne fourre pas plus de sablés que tu ne veux en manger dans l'immédiat – tu conserveras le reste.

1 Préchauffe le four à 220 °C ou thermostat 7. Utilise du papier essuie-tout et un peu de beurre pour graisser une plaque à pâtisserie.

2 Tamise la farine et la levure dans un saladier. Coupe le beurre en petits morceaux. Mélange-le à la farine.

3 Pétris ces ingrédients du bout des doigts, en prenant à chaque fois un peu de farine et un morceau de beurre.

4 Peu à peu, les morceaux de beurre deviendront de plus en plus petits. Lorsqu'ils auront la taille de petites miettes de pain, incorpore le sucre.

Tourne la pâte d'un quart de tour chaque fois que tu passes le rouleau à pâtisserie.

5 Casse l'œuf dans une tasse. Ajoute le lait et la vanille. Mélange, puis verse dans le saladier.

6 À l'aide d'une spatule, coupe la pâte en morceaux, encore et encore, pour mélanger les ingrédients. Façonne une boule.

7 Farine un plan de travail propre. Pose la pâte sur la farine. Étale la pâte au rouleau, jusqu'à ce qu'elle fasse 1 cm d'épaisseur.

8 Découpe autant de ronds que possible. Pose-les sur la plaque. Forme une boule avec le reste de pâte, roule-la et découpes-y d'autres ronds.

9 Badigeonne de lait chaque rond. Fais cuire pendant 10 à 12 minutes. Mets les sablés à refroidir sur une grille.

Retire la queue, comme ceci, ou coupe-la si elle est difficile à arracher.

10 Équeute les fraises. Coupe-les en fines tranches.

11 Fouette la crème (page 50). Coupe chaque sablé en deux, comme ceci.

12 Étale de la crème sur la partie inférieure. Dispose les fraises. Rajoute un peu de crème et recouvre avec la partie supérieure.

Autres garnitures à base de fruits

Remplace les fraises par le même poids de framboises, de mûres ou de myrtilles. Ou utilise 3 pêches ou nectarines coupées en tranches, 2 poires coupées en tranches ou une petite boîte d'ananas en morceaux.

Biscuits de fête

Ingrédients (pour 12)

75 g de beurre

1 gros œuf

150 g de sucre en poudre

15 cl de crème aigre (ou crème fraîche additionnée de quelques gouttes de jus de citron)

2 c. à c. d'essence de vanille

3 c. à s. de lait

275 g de farine ordinaire

¾ de c. à c. de bicarbonate de soude

Pour la crème au beurre :

50 g de beurre ramolli

100 g de sucre glace

1 c. à c. d'essence de vanille

Ces petits gâteaux appelés « Whoopie pies » aux USA ressemblent à des macarons, mais leur pâte est tout à fait différente. Ce sont des biscuits plats assemblés deux par deux avec de la crème au beurre ou d'autres fourrages.

1 Préchauffe le four à 180 °C ou thermostat 6. Tapisse de papier sulfurisé 2 grandes plaques à pâtisserie (page 30).

2 Fais fondre le beurre dans une petite casserole, à feu doux. Retire la casserole du feu.

3 Casse l'œuf dans un saladier. Ajoute le sucre et fouette 2 à 3 minutes. Le mélange doit blanchir.

4 Ajoute le beurre fondu, la crème aigre, la vanille et le lait. Avec une grande cuillère en métal, mélange en formant des 8.

5 Incorpores-y la farine et le bicarbonate de soude tamisés.

Pour décorer un gâteau à la douille avec du glaçage, vois pages 26-27.

Biscuits de fête au chocolat

À l'étape 5, utilise 225 g de farine et tamise en même temps 50 g de cacao en poudre.

6 Prends une cuillère à café bombée de pâte et dépose-la sur la plaque. Continue en veillant à bien les espacer. Fais cuire pendant 10 à 12 minutes.

7 Laisse les biscuits sur les plaques pendant 5 minutes, puis mets-les à refroidir sur une grille.

8 Prépare la crème au beurre (page 51). Étales-en un peu sur le côté plat d'un biscuit. Presse délicatement un autre biscuit dessus. Confectionne les autres biscuits de la même façon.

Mini-cheesecakes

Ingrédients (pour 12)

175 g de biscuits sablés
75 g de beurre
450 g de fromage frais à tartiner
125 g de sucre en poudre
2 gros œufs
2 c. à c. d'essence de vanille

Pour la garniture :
½ citron
4 c. à s. de confiture d'abricots (sans morceaux)
2 pêches ou nectarines mûres

En plus :
une plaque à muffins et 12 caissettes en papier

Ces mini-cheesecakes sont garnis de tranches de pêche ou de nectarine, mais tu peux aussi utiliser 150 g de framboises ou de myrtilles fraîches, et de la confiture de framboises.

1 Préchauffe le four à 150 °C ou thermostat 5. Dispose les caissettes en papier dans les alvéoles de la plaque.

2 Mets les biscuits dans un sac en plastique alimentaire. Ferme l'extrémité à l'aide d'un élastique.

3 Passe un rouleau à pâtisserie sur le sac pour écraser les biscuits.

4 Fais fondre le beurre à feu doux dans une casserole. Mélanges-y les biscuits.

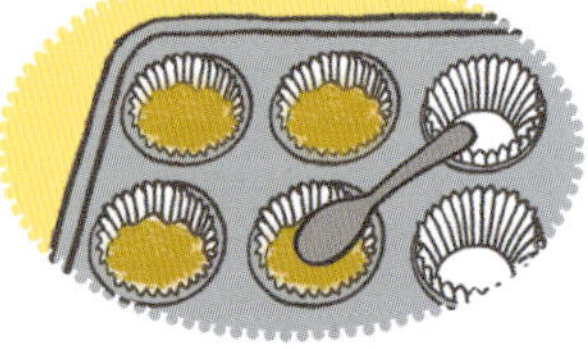

5 Répartis la préparation dans les caissettes. Tasse avec le dos d'une cuillère à café.

6 Mets le moule au réfrigérateur et prépare la garniture.

7 Mélange le fromage frais et le sucre dans un saladier. Mets les œufs et la vanille dans un petit bol. Bats-les à la fourchette.

8 Incorpore petit à petit les œufs battus au contenu du saladier. À l'aide d'une cuillère, verse la pâte dans les caissettes.

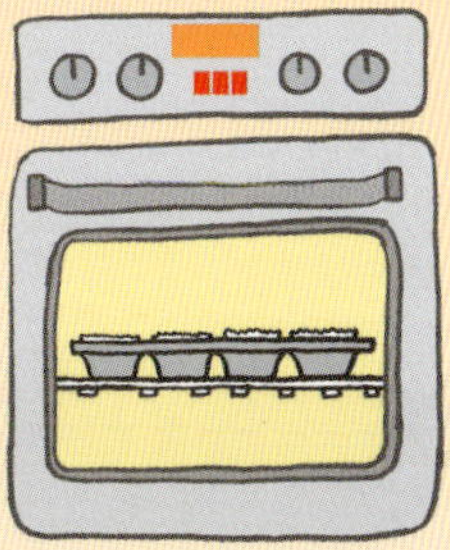

9 Fais cuire la pâte pendant 25 minutes. Éteins le four et laisses-y la plaque pendant encore 30 minutes.

10 Fais refroidir les cheesecakes sur une grille, puis mets-les au réfrigérateur pour au moins 2 heures. Prépare la garniture.

11 Presse le citron. Verse le jus dans un bol et ajoutes-y la confiture. Étale ce mélange sur les cheesecakes.

12 Coupe les pêches ou les nectarines en deux. Ôte le noyau. Coupe les fruits en fines tranches. Dispose-les sur les cheesecakes.

Retire les caissettes en papier avant de manger les cheesecakes.

Décos aux fruits

Voici plein d'idées de décos aux fruits frais ou secs. Mets d'abord un peu de glaçage ou de crème au beurre, si tu aimes.

Zeste d'agrumes

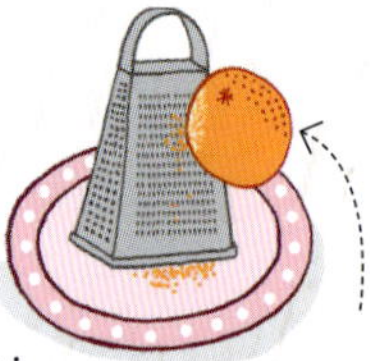

Essaie de ne pas râper la couche blanche.

1 Pour de minuscules bouts, râpe l'extérieur du fruit sur les petits trous d'une râpe.

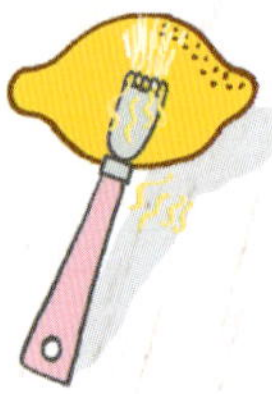

2 Pour des filaments, utilise un zesteur. Racle le fruit, pour obtenir de longs filaments.

Fruits glacés

Il te faut assez de fruits frais, confits ou secs pour décorer ton gâteau, 4 c. à s. de confiture sans morceaux (framboises, abricots...) et 1 c. à s. de jus de citron.

1 Dispose les fruits sur ton gâteau. Mélange la confiture et le jus de citron dans un bol.

2 À l'aide d'un pinceau à pâtisserie, lustre les fruits avec ce mélange.

Fruits glacés au sucre

Il te faut environ 100 g de fruits (raisins, myrtilles, fraises ou cerises), un blanc d'œuf et environ 4 c. à s. de sucre en poudre.

Tu as aussi besoin d'un petit pinceau neuf, de quelques piques à cocktail et d'une orange.

Groseilles glacées au sucre

Feuilles de menthe glacées au sucre

Décore un gâteau avec des tranches de fruits frais tels que fraises ou bananes.

Les fruits frais et la crème fouettée conviennent tout à fait pour une génoise.

1 Coupe l'orange en deux. Pose les moitiés sur une assiette. Mets le sucre en poudre dans un petit tamis.

2 Mélange légèrement le blanc d'œuf.

3 Sèche le fruit et pique-le au bout d'une pique à cocktail. Badigeonne-le de blanc d'œuf à l'aide du pinceau.

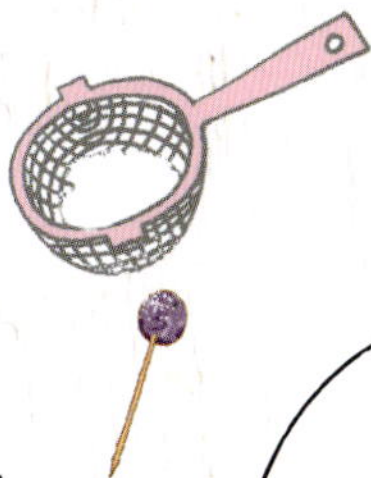

4 Tamise le sucre sur le fruit, pour le recouvrir entièrement. Plante l'extrémité libre de la pique à cocktail dans une demi-orange.

5 Glace ainsi le reste des fruits. Laisse sécher pendant 1 à 2 heures, ou jusqu'à ce que le sucre soit dur.

Tu peux manger les oranges après.

Jolis papillons

Ingrédients (pour 25)

40 g de sucre en poudre
40 g de margarine ramollie
40 g de farine à levure incorporée
1 œuf moyen
1 ½ c. à c. de cacao en poudre

Pour la ganache au chocolat :
40 g de chocolat noir ou au lait
2 c. à s. de crème fraîche épaisse

Pour la ganache au chocolat blanc :
60 g de chocolat blanc
2 c. à s. de crème fraîche épaisse

En plus :
une plaque à mini-muffins et 25 mini-caissettes en papier
des bonbons au chocolat dragéifiés (de type Smarties®), des grains de sucre et du glaçage à dessiner au chocolat

Ces mini-gâteaux sont recouverts d'une garniture au chocolat appelée ganache, et le dessus est utilisé pour faire des ailes de papillon. Tu peux aussi en faire en forme de coccinelle, ou simplement les décorer de grains de sucre ou de pastilles de chocolat.

1 Préchauffe le four à 180 °C ou thermostat 6. Dispose les caissettes en papier dans les alvéoles de la plaque.

2 Mets le sucre et la margarine dans un saladier. Ajoute la farine tamisée. Casse l'œuf dans une tasse, puis ajoute-le. Mélange le tout.

3 À l'aide d'une cuillère, mets la moitié de la pâte dans un second bol. Ajoute le cacao tamisé. Mélange bien.

4 Mets de la pâte au chocolat dans la moitié des caissettes en papier, et de la pâte blanche dans le reste des caissettes. Fais cuire pendant 10 à 12 minutes.

5 Laisse-les 5 minutes dans le moule, puis mets-les à refroidir sur une grille. Pendant ce temps, prépare les deux ganaches au chocolat (page 56).

6 Une fois refroidis, retire les gâteaux des caissettes. Coupe le dessus, puis chaque dessus en 2 demi-cercles, comme ceci.

7 Étale un peu de ganache sur chaque gâteau. Dispose les 2 demi-cercles sur la ganache, pour former des ailes.

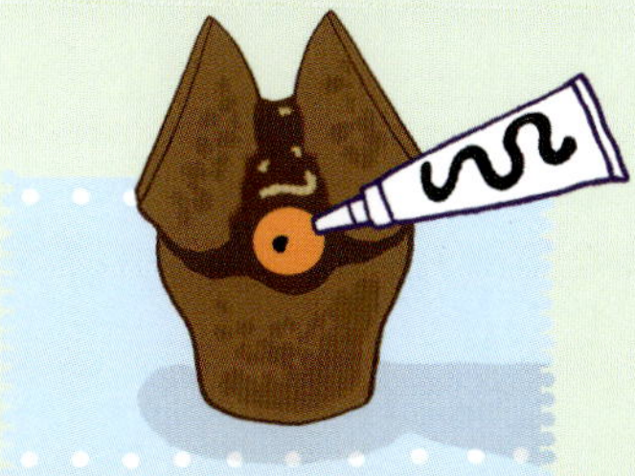

8 Un bonbon au chocolat dragéifié sera la tête. Dessines-y les yeux en chocolat.

Décos à la douille

Décore tes gâteaux en pressant le glaçage à travers un petit trou fait dans un sachet en plastique ou à travers une douille. Il existe des crayons pâtissiers tout prêts, mais tu peux aussi acheter une poche à douille, avec des douilles de formes différentes.

Préparation des gâteaux

La décoration à la douille se fait directement sur le gâteau, ou par-dessus d'autres garnitures telles qu'un glaçage.

Lignes

Remplis un pistolet à pâtisserie ou une poche à douille de crème au beurre (page 51) ou de glaçage maison (page 38).

1 Tiens le pistolet ou la poche au-dessus du gâteau et presse jusqu'à ce qu'un peu de crème ou de glaçage sorte.

2 Déplace le pistolet ou la poche, pour obtenir la forme souhaitée.

3 Dessine les formes compliquées avec une pique à cocktail. Puis utilise la douille en suivant les motifs.

Points

Suis l'étape 1 de la page ci-contre. Presse jusqu'à former un point, puis lève rapidement le pistolet à pâtisserie ou la poche.

Pour une crème au beurre bicolore, remplis à moitié un pistolet à pâtisserie d'une couleur, puis complète avec une autre couleur. Une partie de la crème au beurre se mélangera.

Poche à douille

Il te faut 2 sachets en plastique, un peu de crème au beurre (page 51) ou de glaçage (page 38).

1 Place l'un des sachets dans l'autre. Verse le glaçage dans le sachet intérieur.

2 Coupe un petit coin des sachets. Le glaçage ne doit pas couler.

3 Suis les instructions ci-contre.

Rosette

Rosettes et volutes

Il te faut un pistolet à pâtisserie ou une poche avec une douille en forme d'étoile ou de fleur. Remplis-les de glaçage ou de crème au beurre.

1 Tiens le pistolet à pâtisserie ou la poche au-dessus du gâteau et presse.

2 Pour une rosette, presse fermement, puis arrête de presser et lève la douille rapidement.

3 Pour une volute, commence par le bord du gâteau. Presse, tout en déplaçant la douille en spirale montante vers l'intérieur. Puis retire rapidement la douille.

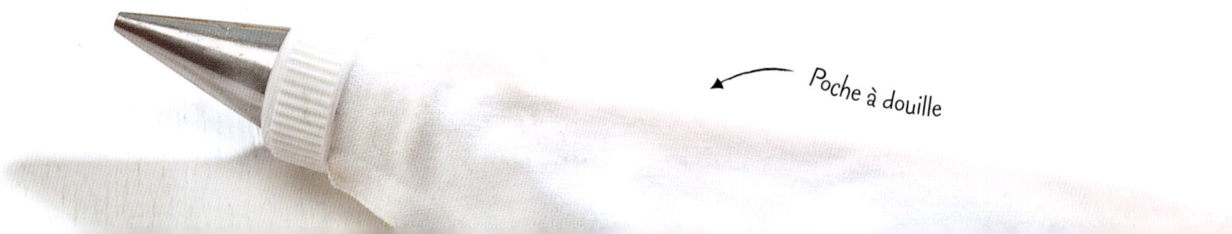

Poche à douille

Macarons

Ingrédients (pour 12)

100 g de sucre glace

2 œufs moyens

1 pincée de crème de tartre (en pharmacie)

¼ de c. à c. de colorant alimentaire rose

25 g de sucre en poudre

100 g de poudre d'amandes

Pour le fourrage :

100 g de framboises fraîches

150 g de fromage frais à tartiner

2 c. à s. de sucre glace

Faits à partir de blancs d'œufs battus avec de la poudre d'amandes, les macarons sont cuits de façon que l'extérieur soit croquant, tandis que l'intérieur reste tendre. Pour des macarons sans produits laitiers, utilise un fourrage différent (page 60).

1 Tapisse deux grandes plaques à pâtisserie de papier sulfurisé (page 30). Tamise le sucre glace dans un bol.

2 Sépare les blancs d'œufs des jaunes (page 5). Mets les blancs dans un saladier.

3 Monte les blancs en neige bien ferme (page 5). Ajoute la crème de tartre, le colorant alimentaire et 2 cuillères à soupe de sucre glace. Mélange avec le fouet.

4 Sans cesser de fouetter, ajoute le reste du sucre glace, une cuillère à la fois.

5 Ajoute le sucre en poudre et les amandes. Incorpore-les délicatement avec une cuillère en métal.

6 Prends 1 cuillère à café de pâte. Dépose-la sur une plaque. Remplis les deux plaques, en espaçant bien les macarons.

7 Tape énergiquement chaque plaque sur le plan de travail. Laisse reposer pendant 30 minutes.

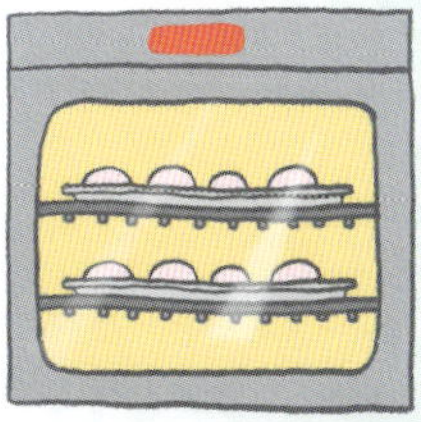

8 Préchauffe le four à 110 °C ou thermostat 3-4. Fais cuire pendant 30 minutes. Éteins le four. Laisses-y les macarons pendant 15 minutes. Puis sors-les et laisse-les refroidir sur les plaques.

9 Pour le fourrage, écrase les framboises à la fourchette. Ajoute le fromage frais et le sucre glace. Mélange bien.

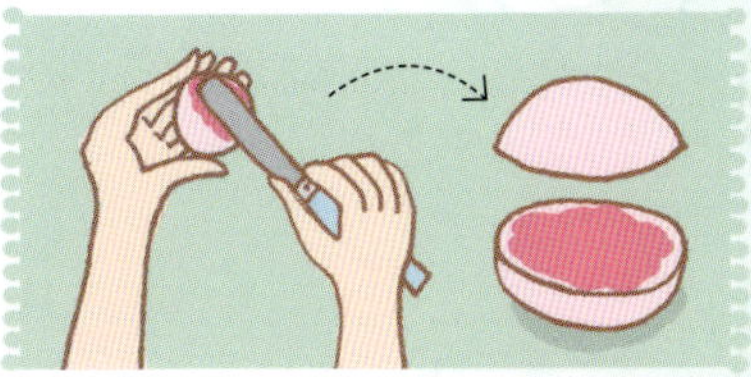

10 Étale un peu de cette crème sur le côté plat d'une des coques de macaron. Recouvre avec une autre coque. Garnis le reste de la même façon.

Macarons au citron ou à l'orange

Utilise du colorant jaune pour les macarons au citron, et moitié jaune moitié rouge pour ceux à l'orange. Pour le fourrage, remplace les framboises par le zeste d'une orange ou d'un citron ; ajoute 2 c. à s. de jus du fruit pressé et un peu de colorant.

Macarons chocolat/menthe

Remplace le colorant alimentaire rose par du vert et ajoute 4 gouttes d'essence de menthe poivrée. Au lieu du fourrage à la framboise, fais une ganache au chocolat (dont tu trouveras la recette page 56).

À partager

Les gâteaux de ce chapitre sont cuits dans des grands moules, puis coupés en carrés ou en tranches. Les astuces que tu trouveras ici te seront utiles.

Tamiser

Il faut parfois tamiser des ingrédients secs. Tiens le tamis au-dessus d'un saladier et tapote-le. Les ingrédients passeront à travers. Écrase les grumeaux éventuels avec le dos d'une cuillère.

Graisser et tapisser les moules

Place le moule ou la plaque sur du papier sulfurisé. Dessine le contour. Découpe la forme. Étale un peu de beurre ramolli ou d'huile à l'intérieur du moule ou de la plaque, à l'aide d'une feuille de papier essuie-tout. Mets la forme de papier sulfurisé au fond du moule ou de la plaque.

Démouler

Passe un couteau autour du gâteau pour le décoller du bord. Pose une grille sur le moule. Retourne le moule et la grille en même temps. Le gâteau se démoulera sur la grille.

Tu découvriras pages 44-45 la méthode pour faire ce type de décorations.

Couper les gâteaux à partager

Les recettes de ce chapitre proposent un nombre de parts approximatif ; il ne s'agit que d'indications. Si tu veux partager le gâteau entre plus de personnes, fais tout simplement des morceaux plus petits.

Gâteau épicé au miel – pages 42-43

Gâteau au chocolat – pages 40-41

Gâteaux sans allergène

Beaucoup de ces gâteaux peuvent être confectionnés à partir d'ingrédients sans allergène. Tu en trouveras une liste pages 60-61.

Lisser le glaçage

Lorsque tu étales du glaçage ou de la crème au beurre, plonge la spatule dans l'eau chaude. La lame glissera facilement.

Tu trouveras page 38 une recette de glaçage, ainsi que d'autres garnitures à base de sucre.

Cake citron/mangue – pages 36-37

Fruits à coque facultatifs

Brownies chocolat/cerises

Ingrédients

(pour 12 à 16 parts)

100 g de chocolat noir

2 gros œufs

125 g de beurre ramolli (ou de margarine)

275 g de sucre en poudre

½ c. à c. d'essence de vanille

50 g de farine à levure incorporée

25 g de farine ordinaire

2 c. à s. de cacao en poudre

100 g de cerises séchées

100 g de morceaux de noix ou de noix de pécan (facultatif)

En plus :

un moule à gâteau carré de 20 cm de côté

Ces brownies, croustillants sur le dessus, sont moelleux à l'intérieur. Ils sont délicieux chauds avec de la glace à l vanille et de la sauce au chocolat (recette page ci-contre) Les noix sont facultatives.

1 Préchauffe le four à 180 °C ou thermostat 6. Graisse le moule et tapisse-le de papier sulfurisé (page 30).

2 Fais fondre le chocolat, en suivant les indications page 56.

3 Casse les œufs dans un petit bol. Bats-les à la fourchette.

4 Mélange le beurre, le sucre et la vanille dans un saladier, pour obtenir une masse mousseuse. Ajoute les œufs peu à peu, en fouettant.

5 Tamise les deux farines et le cacao en poudre dans le saladier. Ajoute le chocolat fondu et mélange.

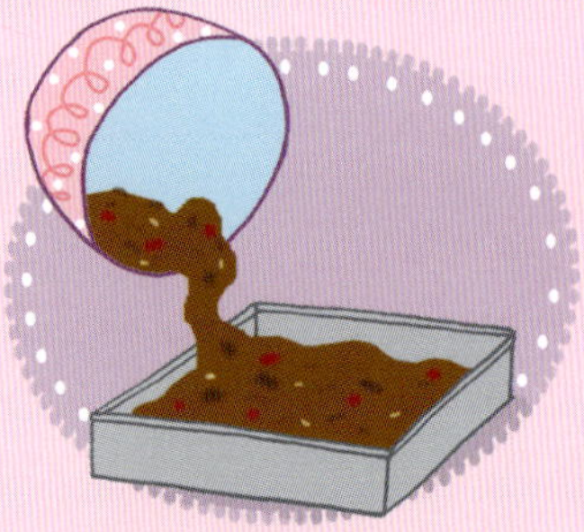

6 Incorpore les cerises et les noix. Verse le mélange dans le moule. Lisse le dessus avec le dos d'une cuillère.

La sauce au chocolat durcit sur la glace froide.

Tu peux couper quelques cerises fraîches pour accompagner tes brownies. Coupe-les en deux en passant le couteau autour du noyau.

Si tu préfères des brownies plus classiques, ne mets pas de cerises.

7 Fais cuire pendant 35 minutes. Le centre doit rester tendre.

Coupe en 12 à 16 parts.

8 Laisse refroidir dans le moule pendant 20 minutes.

Sauce au chocolat

Il te faut 100 g de pépites de chocolat, 2 c. à s. de sirop de glucose ou de miel et 1 c. à s. d'eau.

Mélange tous les ingrédients dans une casserole, à feu doux, pour obtenir une sauce brillante. Laisse refroidir pendant quelques minutes avant de déguster.

Biscuit roulé

Ingrédients

(pour 10 tranches)

3 gros œufs
125 g de sucre en poudre
125 g de farine ordinaire
1 c. à s. d'eau tiède
2 c. à s. de sucre en poudre

Pour le fourrage :

150 g de framboises fraîches
2 c. à s. de confiture de framboises

En plus :

une plaque de 35 x 25 cm

Le biscuit roulé ressemble à une génoise cuite sur une plaque, sur laquelle on étale un fourrage et que l'on roule. Dans cette recette, ni le gâteau ni le fourrage ne contiennent de produit laitier. Tu trouveras ci-contre d'autres suggestions de fourrage.

1 Préchauffe le four à 200 °C ou thermostat 6-7. Graisse la plaque et tapisse-la de papier sulfurisé (voir page 30).

2 Casse les œufs dans un saladier. Ajoute le sucre. Fouette, pour obtenir une masse pâle et épaisse.

3 Tamise la moitié de la farine, puis incorpore-la au mélange précédent, à l'aide d'une cuillère en métal. Tamise le reste de la farine, ajoute l'eau et mélange à nouveau.

4 Verse la pâte sur la plaque, jusque dans les coins, et lisse le dessus avec le dos d'une cuillère. Fais cuire pendant 10 à 12 minutes, jusqu'à ce que la pâte soit légèrement dorée et souple.

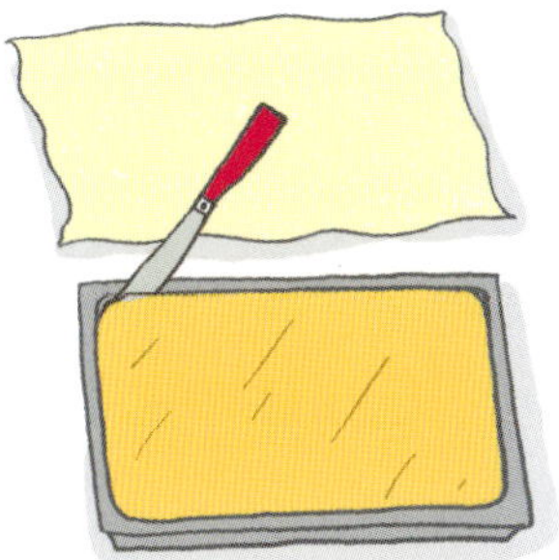

5 Découpe un morceau de papier sulfurisé un peu plus grand que la plaque. Étale-le et parsème-le de sucre en poudre. Détache la pâte des bords à l'aide d'un couteau.

6 Avec des gants de cuisine, retourne le gâteau sur le papier sulfurisé. Retire l'ancien papier. Roule le gâteau sur lui-même, en gardant le nouveau papier à l'intérieur. Laisse refroidir.

7 Pour le fourrage, mets les framboises dans un bol. Écrase-les à la fourchette. Incorpore la confiture.

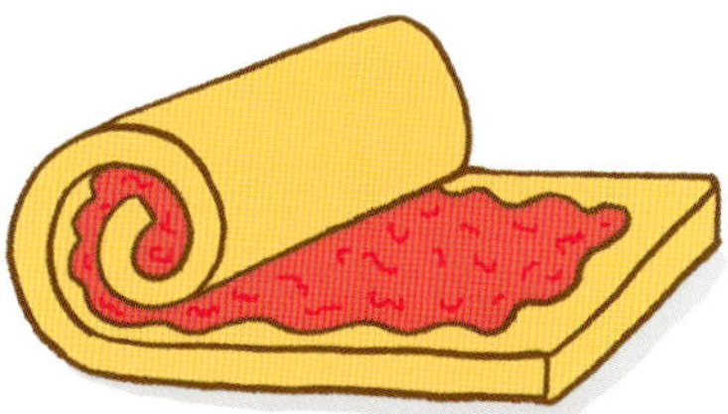

8 Une fois le gâteau refroidi, déroule-le. Étale le fourrage, puis roule à nouveau le gâteau, sans papier.

Fourrage à la crème au beurre

À la place du fourrage aux fruits, utilise de la crème au beurre à la vanille et étale par-dessus 2 c. à s. de confiture.

Fourrage à la crème fouettée

Choisis l'une des crèmes fouettées aromatisées de la page 50, ou bien ouvre une boîte de 400 g d'ananas en morceaux, égoutte-les et incorpore-les dans 30 cl de crème fouettée.

Fruits à coque

Cake citron/mangue

Ingrédients

(pour 12 tranches)

150 g de mangue séchée

2 citrons

75 g de beurre ramolli
(ou de margarine)

100 g de sucre en poudre

75 g de poudre d'amandes

30 cl de yaourt nature

2 c. à c. d'essence de vanille

250 g de farine ordinaire

2 c. à c. de bicarbonate de soude

Pour le glaçage au citron :

175 g de sucre glace

environ 1 c. à s. de jus de citron

En plus :

un moule à cake d'environ
20,5 x 12,5 x 8 cm

Ce gâteau contient du jus et du zeste de citron, et de la mangue séchée. Il est recouvert d'un glaçage au citron. D'autres associations de fruits sont proposées page ci-contre. Cette recette ne contient pas d'œufs.

1 Préchauffe le four à 180 °C ou thermostat 6. Découpe la mangue en petits morceaux. Graisse le moule et tapisse-le de papier sulfurisé.

2 Râpe le zeste des citrons (page 22). Mets-le dans un saladier. Coupe un citron en deux et presse le jus d'un demi-citron. Réserve le jus.

3 Ajoute le beurre et le sucre au zeste. Bats le tout énergiquement.

4 Incorpore les amandes, 4 cuillères à soupe de yaourt et la vanille. Tamise par-dessus la farine et le bicarbonate de soude. Ajoute le reste du yaourt et la mangue.

Déplace la cuillère

en dessinant des 8.

5 Mélange délicatement, à l'aide d'une cuillère en métal, jusqu'à ce que la farine soit incorporée.

6 Verse la pâte dans le moule. Fais cuire pendant 45 à 50 minutes. Le gâteau doit être doré et ferme.

Tu peux décorer le dessus du gâteau avec des mangues hachées.

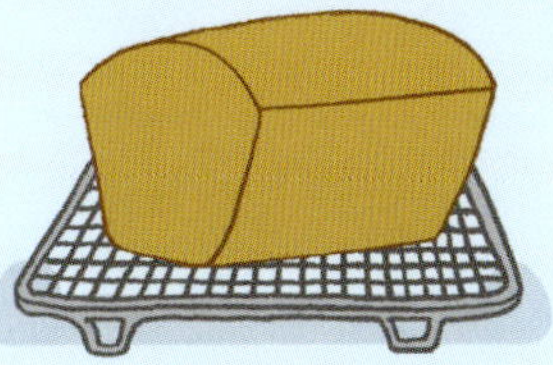

7 Laisse le gâteau dans le moule pendant 10 minutes, avant de le démouler sur une grille. Retourne-le, puis laisse-le refroidir.

8 Utilise le jus de citron réservé pour confectionner le glaçage (page 38). À l'aide d'une spatule, étale ce glaçage sur le gâteau froid.

Cake citron/ raisins de Smyrne

Remplace la mangue par des raisins de Smyrne ou des myrtilles sèches.

Cake citron vert/figues

Remplace les citrons jaunes par 4 citrons verts et la mangue par des figues sèches.

Cake orange/cerises

Remplace les citrons par des oranges et la mangue par des cerises aigres séchées.

Garnitures au sucre

Le sucre peut être utilisé pour confectionner différents types de glaçage, et comme décoration à part entière. Voici quelques recettes et idées.

Glaçage au sucre

Pour un gros gâteau ou une série de petits, il te faut 175 g de sucre glace, un peu de colorant alimentaire (facultatif) et 1 ½ c. à s. d'eau chaude.

Tamise le sucre dans un bol. Ajoute l'eau et quelques gouttes de colorant. Mélange bien.

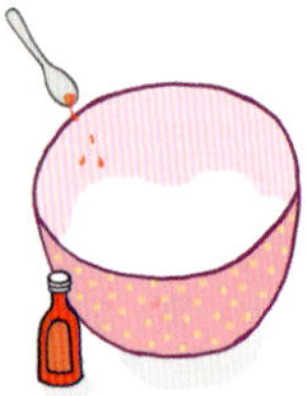

Glaçage simple au sucre

Glaçage au sucre coloré

Glaçage au citron vert décoré de zeste de citron vert (page 22)

Glaçage aux agrumes

Si tu veux, n'utilise pas de colorant alimentaire et remplace l'eau par du jus d'orange, de citron ou de citron vert. Incorpore 1 c. à c. de zeste de citron râpé (facultatif).

Glaçage marbré

Il te faut un peu de glaçage au sucre, un crayon pâtissier et une pique à cocktail.

1 Étale le glaçage au sucre sur le gâteau. Avant qu'il ne sèche, trace dessus des lignes au crayon pâtissier (page 26).

2 Tire des traits perpendiculaires à ces lignes, à la pointe de la pique à cocktail. Trace le trait suivant dans le sens inverse.

On a déposé quelques gouttes de glaçage au crayon pâtissier et on les a étirées à l'aide d'une pique à cocktail.

Ce glaçage marbré a été fait au crayon pâtissier de différentes teintes.

Décoration au pochoir avec du sucre glace

Il te faut des piques à cocktail, du sucre glace, un tamis et un napperon de dentelle. Tu peux aussi fabriquer un pochoir en évidant des motifs dans du papier.

1 Pose le pochoir sur le gâteau. Plante des piques à cocktail dans les trous, pour le maintenir.

Le pochoir doit être plus grand que le gâteau.

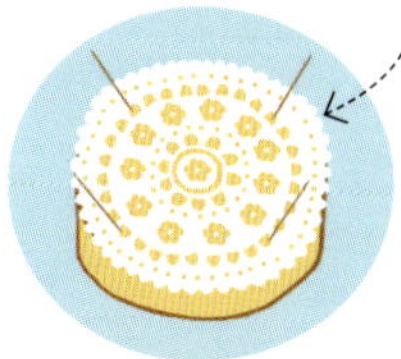

2 Tamise une fine couche de sucre glace sur le gâteau. Enlève les piques à cocktail et le pochoir avec soin.

Pochoir avec un napperon en dentelle

Grains de sucre et confiseries font aussi de belles décorations.

Tu peux saupoudrer le sucre coloré sur un pochoir. Ici, ce sont des petits pois.

Sucre coloré

Il te faut du sucre semoule et un peu de colorant alimentaire.

1 Mets un peu de sucre et 2-3 gouttes de colorant dans une assiette. Mélange, étale et laisse reposer pendant 2 heures.

2 Lorsque le sucre est sec, écrase les grumeaux avec le dos d'une cuillère. Puis saupoudres-en les gâteaux après glaçage.

Gâteau au chocolat

Ingrédients

(pour 12 à 15 carrés)

100 g de farine à levure incorporée
40 g de cacao en poudre
1 ½ c. à c. de levure chimique
150 g de beurre ramolli
150 g de cassonade extra-fine
1 c. à c. d'essence de vanille
3 c. à s. de lait
3 gros œufs

Pour la crème au beurre au chocolat :

100 g de beurre doux ramolli (ou de margarine)
175 g de sucre glace
40 g de cacao en poudre
1 c. à s. de lait
½ c. à c. d'essence de vanille

En plus :

un moule rectangulaire de 18 x 27 cm

Ce gâteau au chocolat peut être coupé en parts carrées, c'est très pratique pour les fêtes. Le gâteau photographié ici est décoré de bonbons au chocolat dragéifiés et de filets de chocolat blanc, mais tu peux utiliser n'importe quelle décoration de ton choix.

1 Préchauffe le four à 180 °C ou thermostat 6. Graisse le moule et tapisse-le de papier sulfurisé (page 30).

2 Tamise la farine, le cacao et la levure dans un grand bol. Mets le beurre et la cassonade dans un autre bol.

3 Travaille le beurre et la cassonade, pour obtenir une masse pâle et mousseuse. Incorpore la vanille et le lait.

4 Casse un œuf dans une tasse. Verse-le sur le mélange au beurre, avec 1 c. à s. d'ingrédients secs. Mélange et recommence avec chaque œuf.

5 Ajoute le reste des ingrédients secs et incorpore-les délicatement.

6 Verse la pâte dans le moule et lisse le dessus. Fais cuire pendant 30 à 35 minutes. Le gâteau doit être gonflé.

Si tu attaches un ruban autour du gâteau, pense à l'enlever avant de couper le gâteau.

Il sera également plus facile de couper ton gâteau si tu retires les bougies d'abord.

7 Lorsque le gâteau est cuit, laisse-le dans le moule pendant quelques minutes, puis démoule-le sur une grille (page 30).

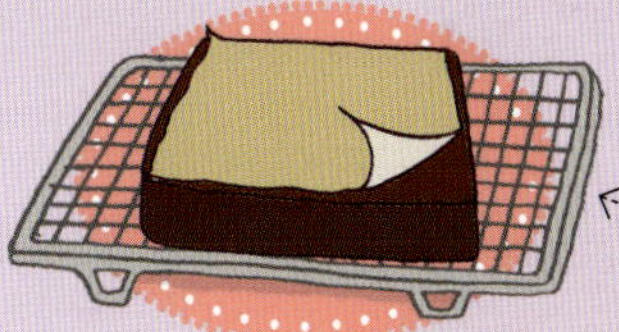

Enlève le papier sulfurisé.

8 Prépare la crème au beurre au chocolat (page 51).

9 Nappes-en le gâteau quand il est refroidi.

10 Décore de filets de chocolat (page 56), de confiseries et de bougies, si tu veux. Coupe le gâteau en 12 à 15 carrés.

Fruits à coque

Gâteau épicé au miel

Ingrédients

(pour 12 à 15 carrés)

1 orange

1 citron

150 g de cassonade brune extra-fine

150 g de beurre ramolli (ou de margarine)

3 œufs moyens

2 c. à c. de levure chimique

150 g de semoule de blé (ou de polenta)

2 c. à c. de cannelle moulue

½ c. à c. de quatre-épices

150 g de poudre d'amandes

4 c. à s. de miel liquide

En plus :

un moule rectangulaire de 18 x 27 cm

du fondant à rouler, de la pâte d'amandes ou de la pâte à sucre et du miel

Ce gâteau a un goût de miel, de cannelle et de citron. Il peut se faire sans blé et sans gluten, en remplaçant la semoule de blé par de la semoule de maïs, et aussi sans produits laitiers (page 61).

1 Préchauffe le four à 180 °C ou thermostat 6. Graisse le moule et tapisse-le de papier sulfurisé (page 30).

2 Presse le jus de l'orange et du citron. Mets le tout dans une carafe.

3 Réunis la cassonade et le beurre dans un saladier. Travaille-les, pour obtenir un mélange pâle et mousseux.

4 Casse 1 œuf dans un bol et bats-le. Incorpore-le au contenu du saladier. Fais de même avec les autres œufs. Le mélange peut paraître grumeleux.

5 Mets la levure chimique, la semoule de blé ou de maïs, la cannelle, les quatre-épices et la poudre d'amandes dans un bol et mélange. Verse le tout dans le saladier.

6 Ajoute 4 cuillères à soupe de jus provenant de la carafe et mélange. Verse la pâte dans le moule et lisse le dessus. Fais cuire pendant 30 à 35 minutes.

Tu peux décorer ton gâteau avec des fleurs et des abeilles en pâte à sucre ou en pâte d'amandes (pages 44-45).

Pour coller les décorations sur le gâteau, passe un peu de miel au dos de chacune d'elles à l'aide d'un pinceau, puis applique-la sur le gâteau.

Le mélange peut ne pas être homogène.

7 Pendant ce temps, mets le miel dans la carafe et mélange. Lorsque le gâteau est bien gonflé et ferme, sors-le du four.

8 Mélange encore une fois le contenu de la carafe, puis verse-le sur le gâteau. Laisse refroidir le gâteau dans le moule, et coupe-le.

Petits gâteaux au miel

À l'étape 1, préchauffe le four à 200 °C ou thermostat 6-7. Tapisse de caissettes 12 alvéoles d'une plaque à muffins. Suis les étapes 2 à 5. À l'étape 6, verse la pâte dans les caissettes et fais cuire pendant 15-20 minutes.

Faire des décorations

Confectionne tes propres décorations à partir de fondant à rouler, de pâte d'amandes du commerce, ou de pâte à sucre faite maison.

Pâte à sucre

Il te faut 1 c. à c. de blanc d'œuf en poudre (disponible sur Internet ou chez certains pâtissiers), 1 citron et 250 g de sucre glace.

1 Mélange la poudre de blanc d'œuf avec 30 ml d'eau. Presse le citron. Tamise le sucre glace dans un grand bol.

2 Mets 2 ½ cuillères à café de blanc d'œuf et 1 cuillère à soupe de jus de citron dans le bol. Travaille le mélange à la spatule, pour qu'il s'amalgame.

3 Façonne une boule lisse avec la pâte obtenue. Pour la colorer, suis les indications ci-contre pour faire de la pâte d'amandes colorée.

Pâte d'amandes colorée

Il te faut de la pâte d'amandes (contient des fruits à coque) blanche et du colorant alimentaire.

1 Mets un peu de pâte d'amandes (taille d'une balle de ping-pong) dans un bol, avec 1 ou 2 gouttes de colorant alimentaire.

2 Plie la pâte d'amandes autour du colorant. Travaille-la, jusqu'à ce que la couleur soit homogène.

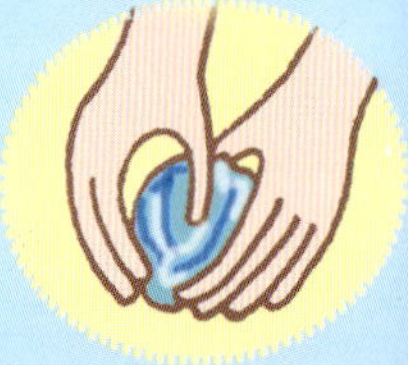

Décorations découpées

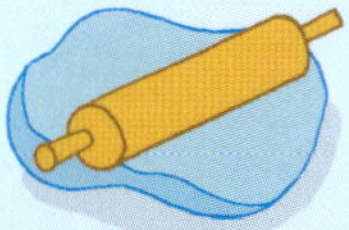

1 Saupoudre de sucre glace le plan de travail et le rouleau à pâtisserie. Abaisse le fondant, la pâte d'amandes ou la pâte à sucre, jusqu'à 3-4 mm.

2 Découpe des formes à l'aide d'emporte-pièces. Réunis les chutes et découpe de nouvelles formes.

Décorations modelées

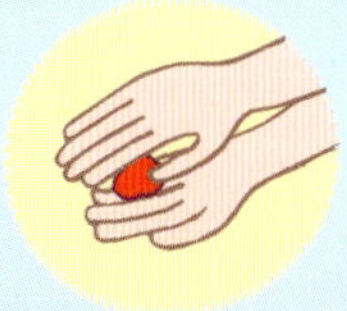

Pour former des billes, roule un morceau de fondant à rouler, de pâte à sucre ou de pâte d'amandes entre tes paumes.

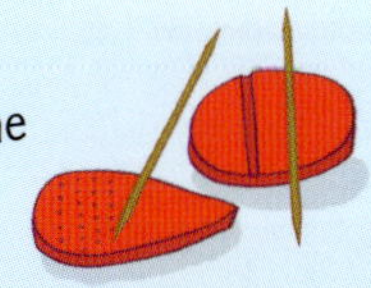

Pour dessiner des points ou des bandes, presse dessus l'extrémité ou le côté d'une pique à cocktail.

Pour obtenir un bouton, coupe un petit cercle. Presse un bouton neuf et propre dessus. Enlève le bouton.

Pour coller une décoration, badigeonne le dessous d'un peu de confiture ou de miel.

Pour cet oiseau, on a utilisé un petit emporte-pièce en forme de feuille.

Presse les formes l'une contre l'autre avant qu'elles ne soient sèches.

Ces marques ont été faites avec une pique à cocktail.

Recouvre un petit gâteau d'une déco en pâte à sucre, pâte d'amandes ou fondant à rouler.

Gros gâteaux

Les gros gâteaux paraissent spectaculaires et ils ne sont pas difficiles à faire, à condition de bien suivre la recette. Les astuces indiquées ici t'aideront à confectionner les gâteaux de ce chapitre.

Sans allergène

Nombre de gâteaux de ce chapitre peuvent être faits sans ingrédient allergène (page 61).

Graisser et tapisser les moules

Pour graisser les moules et les tapisser de papier sulfurisé, suis les indications page 30.

Démouler les gros gâteaux

Pour retirer un moule à gâteau à fond amovible, pose le moule sur une boîte de conserve pleine. Ouvre la charnière. Fais glisser la paroi autour de la boîte de conserve. Regarde comment faire page 55.

Pour retirer un moule ordinaire, retourne-le sur une grille et secoue-le doucement. Le gâteau doit sortir. Sinon, passe un couteau entre la paroi du moule et le gâteau, pour le détacher, et essaie de nouveau.

Déplacer les gros gâteaux

Soulever un gros gâteau de son moule et le poser sur une assiette peut être délicat. Il est préférable de le faire glisser doucement de la grille sur l'assiette.

Dispose toujours les gâteaux sur l'assiette ou le plat de service avant d'y apposer les garnitures ou les décorations.

Parts de gâteau

Pour servir, le plus facile est d'utiliser une pelle à gâteau. Glisse la lame sous la part, soulève-la et pose-la sur une assiette. Retire délicatement la lame de dessous le gâteau.

Génoise

Ingrédients

(pour 12 parts)

225 g de farine à levure incorporée
225 g de sucre en poudre
225 g de margarine tendre
4 œufs moyens

Pour la crème au beurre :

100 g de beurre ramolli (ou de margarine)
225 g de sucre glace
1 c. à s. de lait
½ c. à c. d'essence de vanille
colorant alimentaire

En plus :

deux moules ronds de 20 cm de diamètre

La génoise est simple à faire et peut servir de base à de nombreux gâteaux. La recette ci-après est donnée pour une génoise nature fourrée à la crème au beurre, mais d'autres fourrages sont proposés, ainsi que différents parfums pour le biscuit.

1 Préchauffe le four à 180 °C ou thermostat 6. Graisse les moules et tapisse-les de papier sulfurisé (page 30).

2 Tamise la farine dans un saladier. Ajoute le sucre et la margarine. Casse 1 œuf dans une tasse, puis verse-le dans le saladier. Fais de même avec les autres œufs.

3 Mélange, pour obtenir une pâte lisse. Répartis la pâte dans les deux moules et lisse le dessus.

4 Fais cuire les gâteaux pendant 25 minutes. Laisse-les dans les moules pendant 5 minutes.

5 À l'aide d'une lame de couteau, démoule les gâteaux sur une grille.

6 Retire le papier sulfurisé et retourne les gâteaux. Prépare la crème au beurre (page 51).

7 Pose un gâteau (refroidi) sur un plat, côté plat en haut. Couvre la surface de crème au beurre. Pose l'autre gâteau dessus, côté plat en bas. Presse et saupoudre de sucre.

Autres parfums de biscuit

Génoise au chocolat
Remplace 40 g de farine par du cacao en poudre.

Génoise au café
Mélange 1 c. à s. bombée de café soluble avec 1 c. à s. d'eau chaude. Laisse refroidir le mélange et ajoute-le après l'étape 2.

Génoise aux agrumes
Râpe le zeste de 2 citrons jaunes, citrons verts ou oranges et ajoute-le après l'étape 2.

Génoise aux épices
Ajoute 2 c. à c. de cannelle et 1 c. à c. de gingembre moulu à l'étape 2. Cette génoise s'associe bien à la crème au beurre à la vanille.

Autres fourrages

Confiture et crème au beurre
Recouvre la crème au beurre de 4 c. à s. de confiture à l'étape 7.

Fourrage aux fruits
Pour un fourrage à la framboise sans produits laitiers, vois le biscuit roulé pages 34-35.

Fourrages crémeux
Utilise les crèmes au beurre parfumées de la page 51, ou 15 cl de crème fouettée (page 50). Tu peux étaler 4 c. à s. de confiture avant la crème.

Crèmes aux fruits
Fourre ton gâteau avec une crème à la framboise ou aux agrumes (page 50).

Garnitures crémeuses

Ces recettes suffisent pour garnir *ou* pour fourrer un gros gâteau. Pour garnir *et* fourrer un gâteau, double les quantités. Chaque recette t'indique quelle quantité est nécessaire.

Crème fouettée

Il te faut 15 cl de crème fraîche épaisse ou de crème fleurette.

Ne fouette pas trop pour éviter que la crème ne se transforme en beurre.

1 Verse la crème dans un bol. Tiens le bol fermement et fouette la crème avec un fouet à main aussi vite que tu peux.

2 Fouette la crème jusqu'à ce qu'elle devienne ferme. Lorsque tu retires le fouet, elle doit former un pic.

Crème à la vanille

Ajoute ½ c. à c. d'essence de vanille et tamise sur la crème 1 c. à s. de sucre glace, avant de fouetter.

Crème à la framboise

Écrase 125 g de framboises fraîches. Ajoute 1 ½ c. à s. de sucre en poudre. Incorpore ce mélange à la crème fouettée, avec une cuillère en métal.

Crème aux agrumes

Râpe le zeste de 1 citron vert, de ½ orange ou de ½ citron jaune. Incorpore-le délicatement à la crème fouettée, avec 1 ½ c. à s. de sucre glace tamisé.

Crème au beurre à l'orange

Crème au beurre

Il te faut 100 g de beurre ramolli ou de margarine tendre, 225 g de sucre glace, 1 c. à s. de lait, ½ c. à c. d'essence de vanille et un peu de colorant alimentaire (facultatif).

1 Mets le beurre (ou la margarine) dans un saladier et travaille-le à la cuillère en bois, pour qu'il devienne souple et mousseux.

2 Tamise un tiers du sucre glace dans le saladier et incorpore-le. Puis tamise le reste du sucre glace sur le mélange.

3 Ajoute le lait et la vanille. Bats avec énergie, pour obtenir une crème pâle et mousseuse.

Pour colorer ta crème au beurre, ajoute quelques gouttes de colorant alimentaire.

Pour un goût acidulé, ajoute 1 cuillère à café de zeste d'agrumes finement râpé. Tu obtiendras une crème au beurre aux agrumes.

Crème au beurre au chocolat

Mets seulement 175 g de sucre glace et tamise en même temps 40 g de cacao en poudre. N'utilise pas de colorant alimentaire.

Crème au beurre aux agrumes

Remplace le lait et la vanille par le zeste râpé de 1 orange ou de 1 citron jaune et 2 c. à c. de jus du fruit utilisé.

Nappage au fromage frais

Il te faut 50 g de sucre glace, 200 g de fromage frais à tartiner, à température ambiante, et 1 c. à s. de jus de citron.

Tamise le sucre glace dans un saladier. Ajoute le fromage frais et le jus de citron. Mélange délicatement.

Ne travaille pas trop le mélange pour éviter que le nappage ne se liquéfie.

Gâteau à l'ananas

Ingrédients
(pour 12 parts)

Pour le gâteau :

- 250 g de farine ordinaire
- 2 c. à c. de levure chimique
- 125 g de cassonade extra-fine
- 2 c. à c. de cannelle moulue
- 15 cl d'huile de tournesol
- 3 gros œufs
- 1 c. à c. d'essence de vanille
- une boîte de 400 g d'ananas en morceaux

Pour le nappage au fromage :

- 400 g de fromage frais à tartiner, à température ambiante
- 150 g de sucre glace

En plus :

- deux moules ronds de 20 cm de diamètre
- des morceaux d'ananas séché, pour décorer

Ce gâteau léger et moelleux est fait avec de l'ananas en conserve. Il est fourré et garni d'un nappage au fromage frais parfumé à l'ananas.

1 Préchauffe le four à 180 °C ou thermostat 6. Graisse les moules et tapisse-les de papier sulfurisé (page 30).

2 Mélange la farine, la levure, la cassonade et la cannelle. Verse l'huile dans un second bol. Casse chaque œuf dans une tasse. Ajoute-le à l'huile, avec la vanille.

3 Réserve 2 cuillères à soupe d'ananas. Ajoute le reste au mélange d'huile et d'œufs. Mélange bien.

4 Incorpore la préparation à l'huile aux ingrédients secs. Répartis la pâte dans les moules. Fais cuire pendant environ 25 minutes.

5 Laisse les gâteaux dans leur moule pendant 10 minutes. Puis démoule-les sur une grille.

6 Prépare le nappage au fromage frais (page 51). Mélanges-y les morceaux d'ananas réservés.

Ananas et noix de pécan

Fruits à coque

Pour une variante croquante, suis les étapes 1 à 3, puis ajoute 50 g de morceaux de noix de pécan ou de noix à la préparation à base d'huile. Suis les étapes 4 à 8. Décore le dessus de noix.

7 Pose un gâteau (refroidi) sur un plat, côté plat en bas. Garnis-le avec la moitié du nappage. Recouvre avec l'autre gâteau, côté plat vers le bas. Étale le reste du nappage sur le deuxième gâteau.

Fruits à coque facultatifs

Gâteau moka

Ingrédients

(pour 12 parts)

- 1 ½ c. à c. de café soluble
- 175 g de beurre ramolli (ou de margarine)
- 175 g de sucre en poudre
- 3 gros œufs
- 175 g de farine à levure incorporée
- 1 ½ c. à c. de levure chimique
- 200 g de morceaux de noix ou de noix de pécan (facultatif)

Pour la crème au beurre :

- 175 g de beurre ramolli (ou de margarine)
- 200 g de sucre glace

En plus :

- un moule à charnière de 20 cm de diamètre

Ce gâteau moka est fourré et nappé de crème au café. Si tu préfères ne pas le couper en deux, laisse-le entier et prépare la moitié de la quantité de crème, dont tu napperas le dessus du gâteau. Tu peux ne pas mettre de noix.

1 Préchauffe le four à 180 °C ou thermostat 6. Graisse le moule et tapisse-le de papier sulfurisé (page 30).

2 Mélange le café soluble dans une tasse avec 2 cuillères à café d'eau bouillante.

3 Mélange le beurre et le sucre dans un saladier, pour obtenir une crème pâle et mousseuse. Casse les œufs dans un bol et bats-les à la fourchette.

4 Ajoute 1 cuillère d'œuf à la préparation à base de beurre et mélange bien. Incorpore le reste des œufs une cuillère à la fois, en mélangeant à chaque fois.

5 Incorpore la farine et la levure tamisées. Ajoute la moitié du café et les noix. Mélange bien.

6 Verse la pâte dans le moule et lisse le dessus. Fais cuire pendant 30 à 35 minutes, puis laisse refroidir dans le moule pendant 10 minutes.

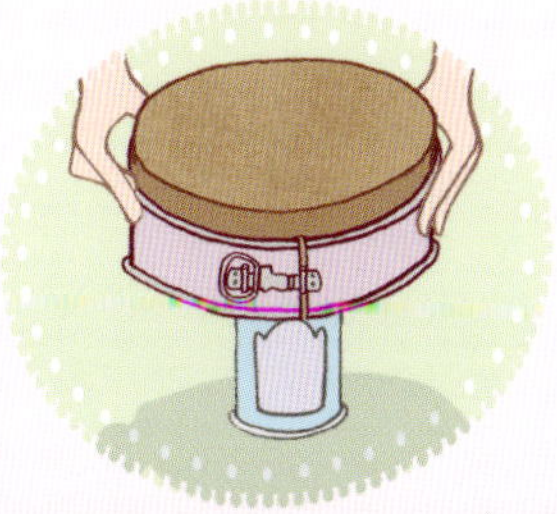

7 Pose le moule sur une boîte de conserve. Ouvre la charnière et laisse descendre la paroi.

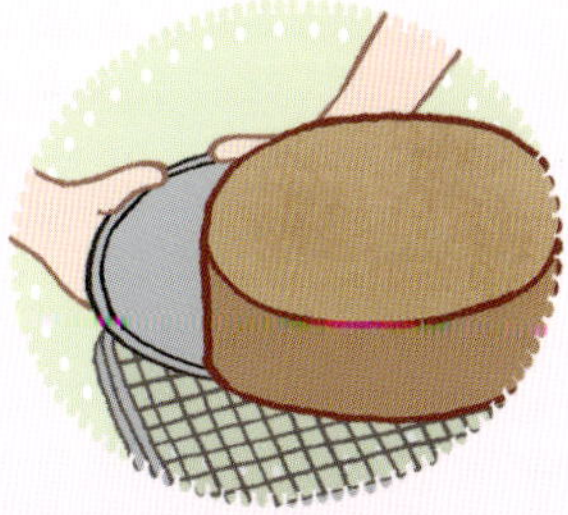

8 Fais glisser délicatement le gâteau sur une grille. Laisse-le refroidir complètement.

9 Lorsqu'il est refroidi, coupe-le en deux horizontalement, en le maintenant d'une main. Utilise un couteau bien aiguisé.

Si tu veux, parsème de noix le dessus de ton gâteau.

10 Prépare la crème au beurre au café, en suivant les indications (à droite).

11 Étale la moitié de la crème au beurre sur la tranche inférieure. Reconstitue le gâteau et recouvre le dessus avec le reste de crème.

Crème au beurre au café

Travaille le beurre dans un saladier à l'aide d'une cuillère en bois, jusqu'à ce qu'il devienne bien souple. Tamise dessus un tiers du sucre glace et mélange bien. Puis tamise le reste du sucre et ajoute-le avec le reste du café. Bats la préparation ; elle doit être pâle et mousseuse.

Décos en chocolat

Tu trouveras ici des recettes de délicieuses garnitures au chocolat, ainsi que des idées de décorations en chocolat. Et si tu souhaites faire de la crème au beurre au chocolat, tu en trouveras une recette page 51.

Pour cuire, tu peux utiliser des pépites ou des carrés de chocolat en tablette.

Faire fondre du chocolat

1 Mets le chocolat dans un bol résistant à la chaleur. Remplis au quart une casserole d'eau et fais-la chauffer.

Lorsque l'eau frémit, enlève la casserole du feu.

2 Pose le bol sur la casserole. Attends pendant 5 minutes, puis remue le chocolat, jusqu'à ce qu'il soit fondu.

Filets de chocolat

1 Fais fondre 75 g de chocolat noir, au lait ou blanc.

2 Prends un peu de chocolat fondu dans une cuillère. Tiens-la au-dessus du gâteau. Incline-la et laisse couler le chocolat.

Ganache au chocolat

La ganache sert à fourrer ou à garnir les gâteaux. Il te faut 40 g de chocolat noir ou au lait (ou 60 g de chocolat blanc) et 2 cuillères à soupe de crème fraîche épaisse.

1 Fais fondre le chocolat. Incorpore la crème. Retire le bol de la casserole.

2 Laisse refroidir pendant 10 minutes, puis mets au réfrigérateur pendant 1 heure. Mélange de temps en temps.

Ce gâteau a été décoré de filets de chocolat noir, puis de chocolat blanc.

Ganache au chocolat noir

Petits copeaux

Gros copeaux

Tu peux réaliser une garniture de framboises et de copeaux de chocolat pour le trio au chocolat (pages 58-59).

Copeaux de chocolat

Il te faut une tablette de chocolat à température ambiante.

Pour de petits copeaux, passe l'éplucheur à légumes le long de l'arête de la tablette.

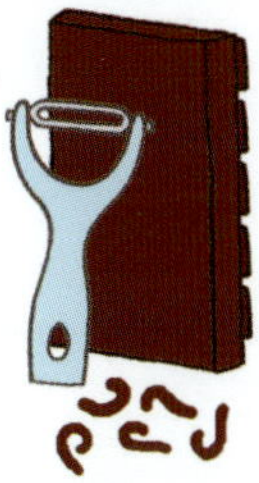

Pour des copeaux plus gros, racle le dessous de la tablette.

Touche le moins possible les feuilles en chocolat, pour leur éviter de fondre.

Feuilles en chocolat

Il te faut 100 g de chocolat noir, 15 feuilles de menthe fraîche, une plaque à pâtisserie tapissée de papier sulfurisé et un petit pinceau propre.

Ne peins pas la tige.

1 Fais fondre le chocolat (voir page ci-contre). À l'aide du pinceau, badigeonnes-en le dessous des feuilles de menthe, en couche épaisse.

Fais plus de feuilles que nécessaire, au cas où quelques-unes se casseraient.

2 Pose les feuilles sur la plaque, côté chocolat sur le dessus. Mets au réfrigérateur pendant 45 minutes.

3 Utilise une pique à cocktail pour retourner chaque feuille ; le chocolat doit être dessous.

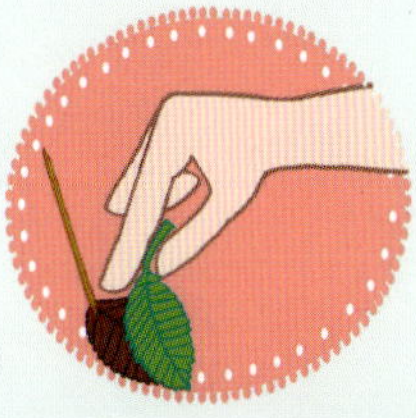

4 Maintiens le chocolat sur la plaque à l'aide de la pique à cocktail. Saisis le pétiole et retire la feuille de menthe.

Fruits à coque

Trio au chocolat

Ingrédients

(pour 8 à 10 parts)

Pour le gâteau :

4 gros œufs

125 g de sucre en poudre

60 g de poudre d'amandes

1 ½ c. à s. de cacao en poudre

1 ¼ c. à c. de levure chimique

Pour le fourrage :

30 cl de crème fraîche entière ou de crème fleurette

3 c. à s. de confiture

Pour décorer :

150 g de fruits frais, tels que framboises, myrtilles et fraises

1 c. à s. de sucre glace

En plus :

trois moules ronds de 18 cm de diamètre

Ce gâteau léger, au bon goût de chocolat, est fourré à la confiture et à la crème et garni de fruits. Tu peux facilement le faire sans blé et sans gluten ou sans produits laitiers (page 61).

1 Préchauffe le four à 180 °C ou thermostat 6. Graisse les moules et tapisse-les de papier sulfurisé (page 30).

2 Sépare les blancs des jaunes d'œufs (voir page 5) : les blancs dans un bol et les jaunes dans un autre. Ajoute le sucre aux jaunes.

3 Mélange les jaunes et le sucre à la fourchette. Incorpore la poudre d'amandes, le cacao et la levure.

4 Monte les blancs en neige, jusqu'à ce qu'ils forment un pic quand tu retires le fouet (page 5).

Déplace la cuillère en formant des 8.

5 À l'aide d'une cuillère en métal, incorpore les blancs d'œufs dans les jaunes. Répartis la pâte dans les moules.

6 Fais cuire pendant 15 à 20 minutes, jusqu'à ce que les gâteaux soient fermes et souples. Attends pendant 10 minutes avant de les démouler. Puis mets-les à refroidir sur une grille. Ensuite, fouette la crème.

Décore ton gâteau de feuilles de chocolat (page 57).

Choisis un parfum de confiture qui s'associe avec les fruits que tu utilises.

À la place des baies, tu peux utiliser des cerises, des pêches, des kiwis ou de l'ananas.

7 Retire le papier. Garnis un gâteau avec la moitié de la confiture et un tiers de la crème.

8 Pose un autre gâteau dessus. Garnis-le du reste de confiture et de la moitié de la crème restante.

9 Pose le dernier gâteau. Étale la crème restante.

10 Pose les fruits. Saupoudre de sucre glace.

Gâteau à deux étages

Utilise deux moules de 20 cm de diamètre. Fais cuire pendant 20 à 25 minutes. Répartis la confiture et la crème entre les deux étages.

Allergique ?

Si tu souffres d'allergie ou d'une intolérance alimentaire particulière, tu trouveras ici des adaptations de recettes, par exemple utiliser de la margarine sans produits laitiers (évite celle à faible teneur en matière grasse) à la place du beurre. D'autres substitutions, comme l'utilisation de farine sans gluten, peuvent ne pas fonctionner. Vérifie toujours bien les ingrédients sous emballage, au cas où ils contiendraient des composants contre-indiqués.

Muffins marbrés — pages 8-9

Blé, gluten, produits laitiers, œufs
Sans produits laitiers : lait de soja et chocolat sans produit laitier

Gâteaux à la banane — pages 10-11

Blé, gluten, produits laitiers, œufs, noix
Sans produits laitiers : margarine végétale et glaçage au sucre
Sans fruits à coque : supprime-les.

Gâteaux à la vanille — pages 12-13

Blé, gluten, produits laitiers, œufs
Sans produits laitiers : margarine végétale pour les gâteaux, margarine végétale et lait de soja pour la crème

Gâteaux à l'orange — pages 14-15

Produits laitiers, œufs
Sans produits laitiers : margarine végétale

Sablés à la fraise — pages 16-17

Blé, gluten, produits laitiers, œufs

Biscuits de fête — pages 18-19

Blé, gluten, produits laitiers, œufs

Mini-cheesecakes — pages 20-21

Blé, gluten, produits laitiers, œufs
Sans blé et sans gluten : biscuits sans blé et sans gluten

Jolis papillons — pages 24-25

Blé, gluten, produits laitiers, œufs
Sans produits laitiers : margarine végétale et cacao sans produit laitier ; remplace la ganache par de la crème au chocolat à la margarine végétale et au lait de soja (page 51).

Macarons — pages 28-29

Produits laitiers, œufs, noix
Sans produits laitiers : fourrage à la framboise des pages 34-35

Brownies chocolat/cerises — pages 32-33

Blé, gluten, produits laitiers, œufs, fruits à coque
Sans produits laitiers : margarine végétale, cacao et chocolat sans produits laitiers
Sans fruits à coque : supprime-les.

Biscuit roulé — pages 34-35

Blé, gluten, œufs

Cake citron/mangue pages 36-37

Blé, gluten, produits laitiers, noix

Gâteau au chocolat pages 40-41

Blé, gluten, produits laitiers, œufs
Sans produits laitiers : pour le gâteau et la crème au beurre, margarine végétale, cacao sans produits laitiers et lait de soja

Gâteau épicé au miel pages 42-43

Blé, gluten, produits laitiers, œufs, noix
Sans blé et sans gluten : semoule de maïs
Sans produits laitiers : margarine végétale

Génoise pages 48-49

Blé, gluten, produits laitiers, œufs, noix
Sans produits laitiers : margarine végétale et fourrage sans produit laitier (crème au beurre à la vanille à la margarine végétale et au lait de soja)

Gâteau à l'ananas pages 52-53

Blé, gluten, produits laitiers, œufs
Sans produits laitiers : remplace le nappage au fromage par de la crème au beurre à la vanille à la margarine végétale et au lait de soja.

Gâteau au café pages 54-55

Blé, gluten, produits laitiers, œufs, noix
Sans produits laitiers : pour le gâteau et la crème au beurre, margarine végétale
Sans fruits à coque : supprime-les.

Trio au chocolat pages 58-59

Blé, gluten, produits laitiers, œufs, noix
Sans blé et sans gluten : cacao et levure chimique sans blé et sans gluten
Sans produits laitiers : cacao sans produits laitiers, remplace le fourrage par de la crème au beurre au chocolat à la margarine végétale, au cacao sans produits laitiers et au lait de soja.

Garnitures, fourrages et décorations

Décos aux fruits pages 22-23

Sans blé, gluten, produit laitier, œufs ou noix

Garnitures au sucre pages 38-39

Sans blé, gluten, produit laitier, œufs ou noix

Pâte à sucre page 44

Contient de l'œuf.

Crème fouettée page 50

Contient des produits laitiers.

Nappage au fromage frais page 51

Contient des produits laitiers.

Crème au beurre page 51

Contient des produits laitiers.
Sans produits laitiers : margarine végétale, lait de soja ou eau
Pour la crème au beurre au chocolat, cacao en poudre sans allergène

Ganache au chocolat page 56

Contient des produits laitiers. Utilise du chocolat sans allergène, si nécessaire.

Copeaux et feuilles en chocolat page 57

Utilise du chocolat sans allergène, si nécessaire.

Index

A

agrumes,
crème au beurre aux -, 51
crème aux -, 50
glaçage aux -, 38
zeste d'-, 22
allergies, 3, 60-61
ananas, gâteau à l'-, 52-53

B

banane, gâteaux à la -, 10-11
beurre, 5,7
biscuit roulé, 34-35
biscuits de fête, 18-19
au chocolat, 18
brownies chocolat/cerises, 32-33

C

caissettes en papier ou en silicone, 6-7
cerises,
brownies chocolat/-, 32-33
cake orange/-, 37
cheesecakes, mini-, 20-21
chocolat,
biscuits de fête au -, 18
brownies -/cerises, 32-33
copeaux de -, 57
crème au beurre au -, 51
décos en -, 56-57
faire fondre du -, 56
feuilles en -, 57
filet de -, 56
ganache, 56
gâteau au -, 40-41
gâteaux à l'orange et au -, 15
petits copeaux de -, 57
sauce au -, 33
trio au -, 58-59
citron,
cake -/mangue, 36-37
cake -/raisins de Smyrne 37
gâteaux au -, 15
macarons au -, 29
citron vert,
cake -/figues, 37
gâteaux au -, 15
colorant alimentaire, 7
coloré(e),
sucre, 39
pâte d'amandes, 44
conservation des gâteaux, 4
copeaux de chocolat, 57
crème, 50
au beurre, 51, 54-55
fouettée, 50
crémeuses, garnitures -, 50-51
cuillères, 3

D

décorations
à la douille, 26-27
découpées, 45
modelées, 45

découpage des gâteaux, 31
démouler les gâteaux, 30, 47
déplacer les gros gâteaux, 47
douille, décos à la -, 26-27

E

épicé, gâteau - au miel, 42-43

F

feuilles en chocolat, 57
figues, cake citron vert/-, 37
filet de chocolat, 56
fondre, faire - du chocolat, 56
fours, 3
fraise, sablés à la -, 16-17
framboise,
crème à la -, 50
fourrage à la -, 34-35
macarons à la -, 28-29
fromage frais, nappage au -, 51
fruits, décos aux -, 22-23

G

ganache, 56
garnitures
à base de chocolat, 56-57
au sucre, 38-39
aux fruits, 22-23
crémeuses, 50-51
gâteau(x)
à partager, 30-45
conservation 4
gros -, 46-59
minis et jolis, 6-29

refroidissement, 4
temps de cuisson 4
génoise, 48-49
glaçage
au sucre, 38
lisser le -, 31
marbré, 38
glacés, fruits -, 22
graisser et tapisser les moules et les plaques, 30
gros gâteaux, 46-59

L

lignes, dessin de - à la douille, 26
lisser le glaçage, 31

M

macarons, 28-29
mangue, cake citron/-, 36-37
marbré(s),
glaçage -, 38
muffins -, 8-9
menthe, macarons chocolat/-, 29
mesures, 3
miel, gâteau épicé au -, 42-43
mini
cheesecakes, 20-21
gâteaux, 13
modelées, décorations -, 45
moka, gâteau, 54-55
moules, graisser et tapisser les -, 30
muffins marbrés, 8-9

N

nappage au fromage frais, 51
napperon, 39

O

œufs, 5
orange,
cake - /cerises, 37
gâteaux à l'-, 14-15
macarons à l'-, 29

P

papillons, jolis, 24-25
pâte
à sucre, 44-45
d'amandes, 44-45
plaques,
à muffins, 6
graisser et tapisser les -, 30
poche à douille, 26-27
pochoir, 39
poids, 3
points, dessin de - à la douille, 27

R

raisins de Smyrne, cake citron/-, 37
refroidissement des gâteaux, 4
rosettes, 27

S

semoule de maïs (polenta), 14-15, 42-43
silicone, caissettes en -, 6
sucre
coloré, 39
fruits glacés au -, 23
garnitures au -, 38-39
glaçage au -, 38
pâte à -, 44

T

tamiser, 30
tapisser et graisser les moules et les plaques, 30
temps de cuisson des gâteaux, 4

V

vanille,
crème à la -, 50
gâteaux à la -, 12-13
volutes, dessin de - à la douille, 27

Illustrations : Jessie Eckel
Photographie : Howard Allman
Consultants recettes : Catherine Atkinson & Dagmar Vesely
Réalisation des recettes : Dagmar Vesely
Avec nos remerciements à Emily Bone et Fiona Patchett

Titre de l'édition anglaise originale : *Children's Book of Baking Cakes*
First published in 2011 by Usborne Publishing Ltd., 83-85 Saffron Hill,
London EC1N 8RT, England.

Cette édition par Chantecler, Belgique-France
Traduction française : Christine de Maistre
Imprimé en Chine.

D-MMXI-0001-313